ENGLISH-UKRAINIAN
visual dictionary

АНГЛІЙСЬКО-УКРАЇНСЬКИЙ
візуальний словник

Tuomas Kilpi

OPPIAN

© Tuomas Kilpi
Publisher: Oppian Press
Helsinki, 2022

ISBN 978-951-877-841-0

Table of Contents • Зміст

fork
віделець

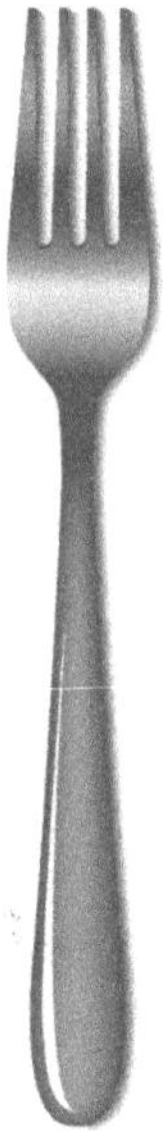

plate
тарілка

knife
ніж

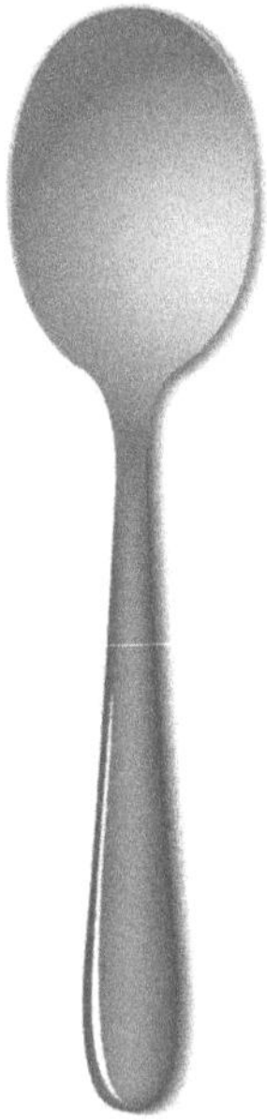

spoon
ложка

kettle
каструля

glass
склянка

frying pan
адоровокс

mug
кружка

teapot
чайник

strainer
ситечко

spatula
лопатка

beans
боби

rice
рис

potato
картопля

date
фінік

tea
гарбата

coffee
кава

apple
яблуко

pear
груша

banana
банан

sweet potato
батат

carrot
морква

garlic
часник

onion
цибуля

pineapple
ананас

strawberry
полуниця

orange
апельсин

coconut
кокос

lemon
лимон

kiwi fruit
ківі

tomato
помідор

cucumber
огірок

raspberry
малина

grapes
виноград

apricot
абрикос

papaya
виноград

melon
диня

plum
слива

mango
манго

watermelon
кавун

aubergine
баклажан

fig
інжир

chili
чілі

cauliflower
цвітна капуста

turnip
ріпа

cabbage
капуста

leek
цибуля-порей

mushroom
гриб

lettuce
салат-латук

salt
сіль

cooking oil
олія для смаження

flour
борошно

sugar
цукор

margarine
маргарин

milk
молоко

cheese
сир

bread
хліб

pasta
паста

ice cream
морозиво

cookie
печиво

chockolate
шоколад

hamburger
шоколад

sandwich
сендвіч

candy
цукерка

pizza
піца

woman
жінка

man
чоловік

girl
дівчинка

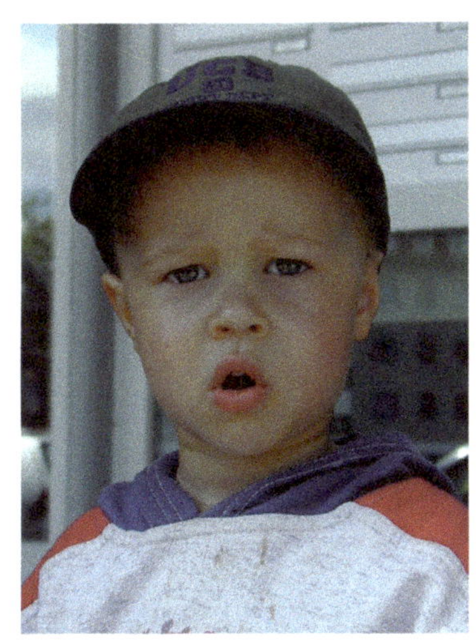

boy
хлопчик

coat
пальто

pants
штани

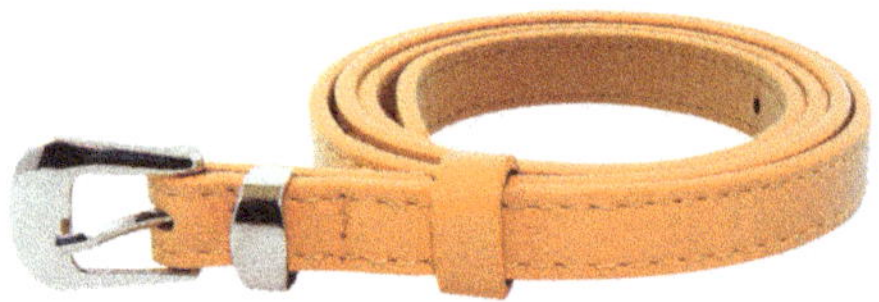

belt
ремінь

socks
скарпети

shoes
взуття

T-shirt
футболка

skirt
спідниця

scarf
шарф

hat
капелюх

boots
чоботи

lamb
ягня

fish
риба

cow
корова

cat
кіт

wolf

вовк

fox

лисиця

moose

лось

bear

ведмідь

snail
равлик

spider
павук

snake
змія

frog
жаба

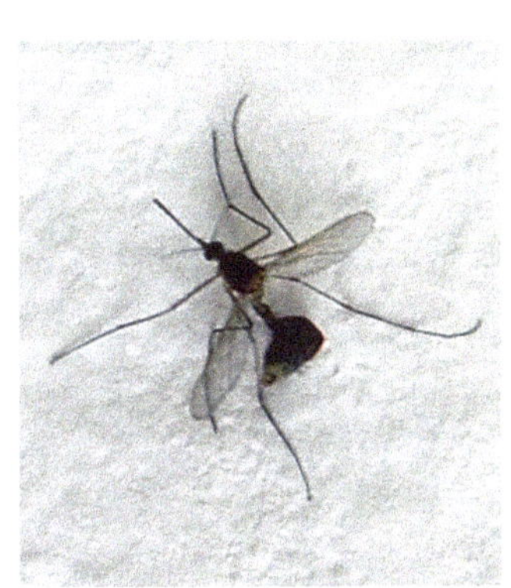

mosquito
комар

wasp
оса

bee
бджола

fly
муха

bathroom
ванна кімната

kitchen
кухня

bedroom
спальня

living room
вітальня

ceiling
стеля

window
вікно

wall
стіна

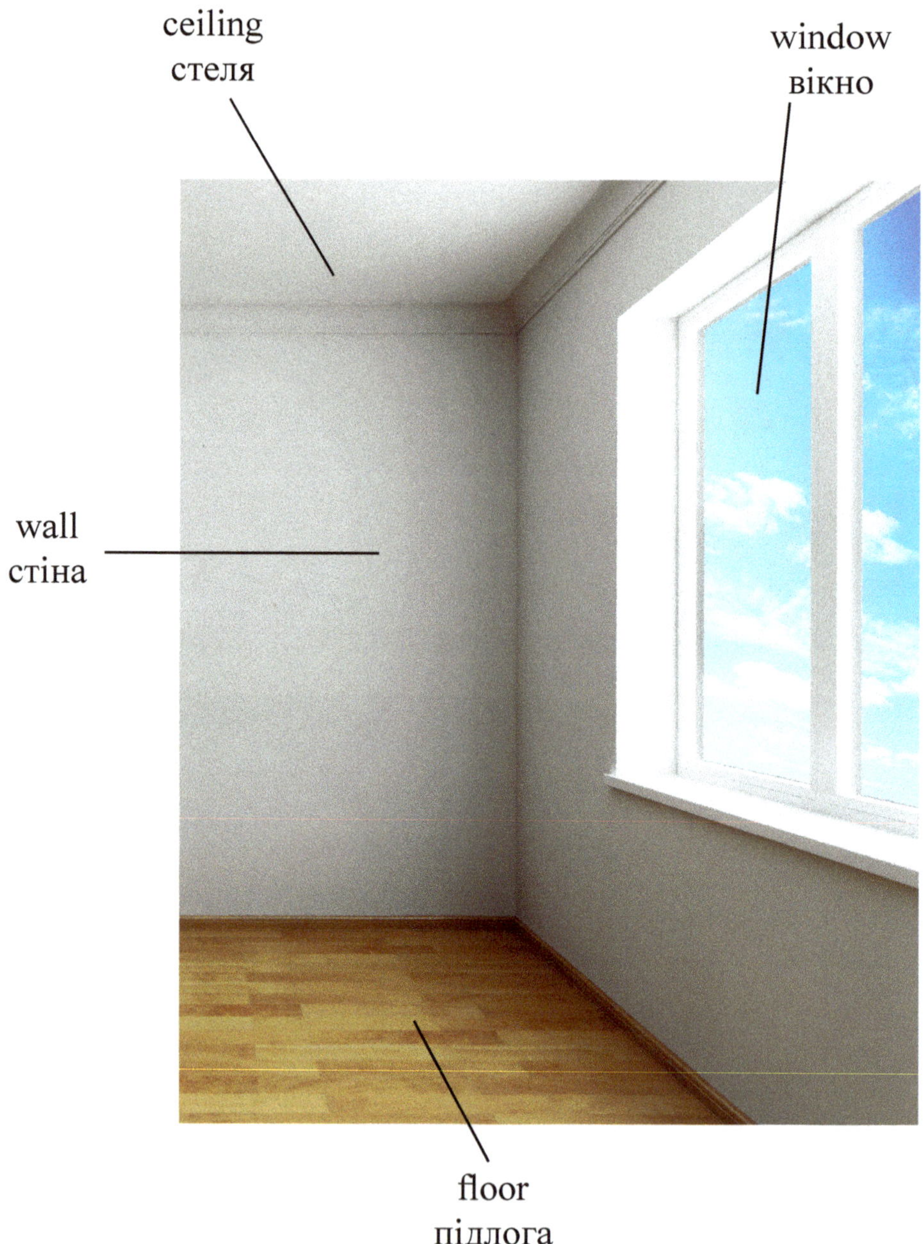

floor
підлога

bed
ліжко

pillow
подушка

bedsheet
простирадло

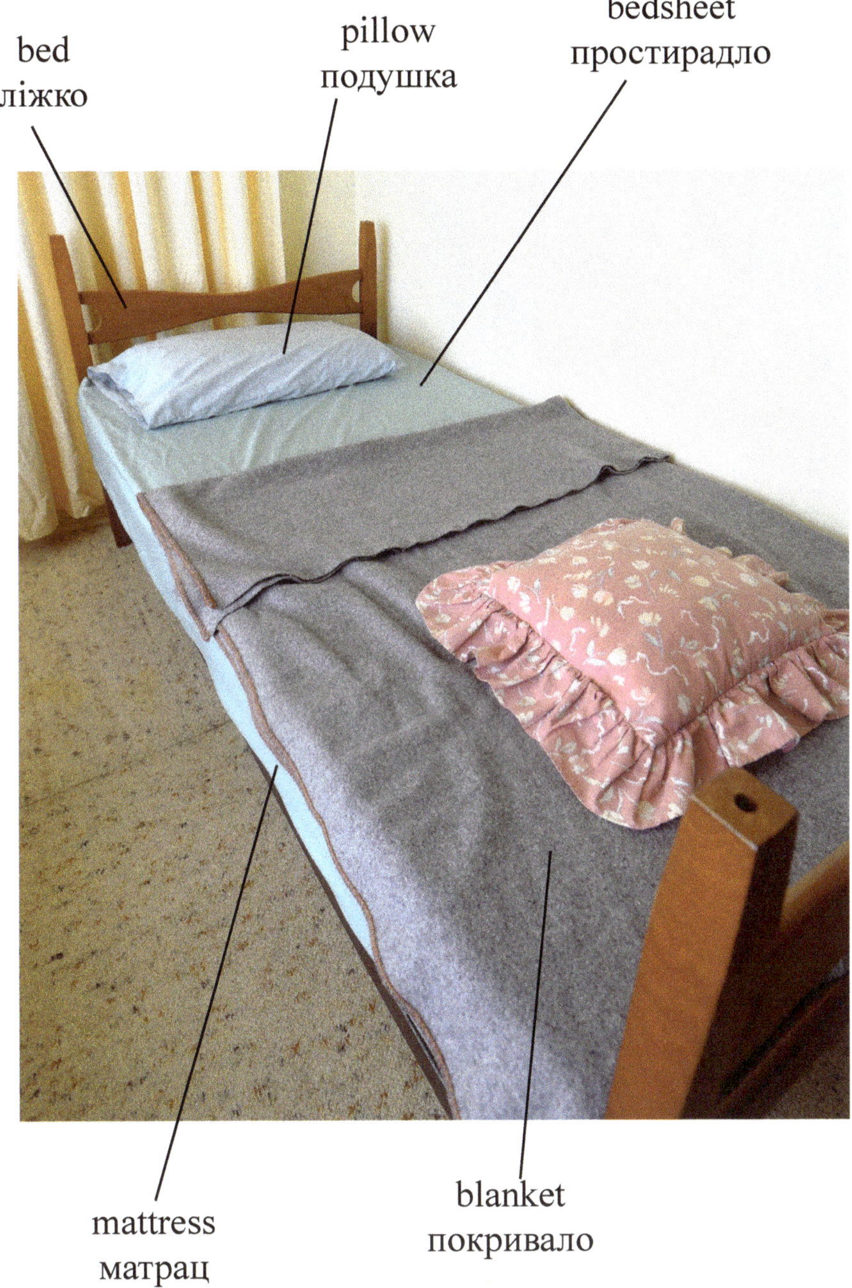

mattress
матрац

blanket
покривало

rug
килим

lamp
лампа

umbrella
парасоля

table
стіл

chair
стілець

scissors
ножиці

tape
клійка стрічка

envelope
конверт

parcel
посилка

stamp
поштова марка

soap
мило

toilet paper
туалетний папіра

toothbrush
зубна щітка

toothpaste
зубна паста

brush
розчіска
comb
гребінець
dental floss
зубна нитка
deodorant
дезодорант
scale
вага
electric razor
електробритва

television
телевізор

remote control
пульт

mouse
миша

computer
комп'ютер

printer
принтер

satellite dish
супутникова антена

charger
зарядний пристрій

USB memory stick
USB флеш-накопичувач

phone
телефон

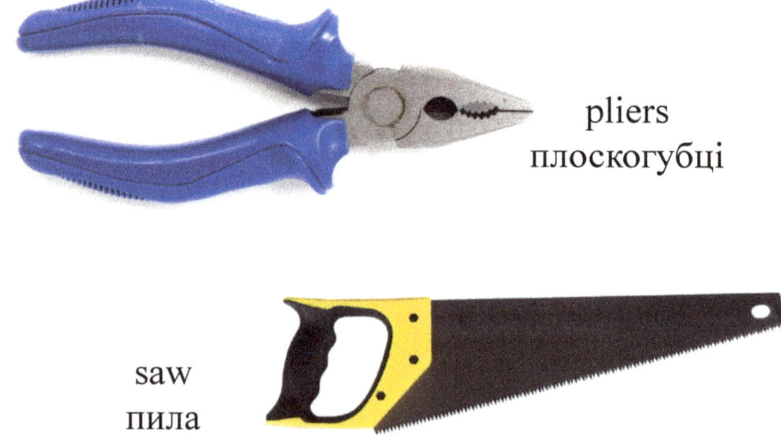

tape measure
вимірювальна рулетка

shovel
лопата

rake
граблі

pliers
плоскогубці

saw
пила

electric drill
електрична дриль

screwdriver
викрутка

screw
шуруп

nail
цвях

hammer
молоток

wrench
гайковий ключ

credit card
кредитна карта

wallet
гаманець

banknote
банкнота

coin
монета

timetable
розклад

passport
паспорт

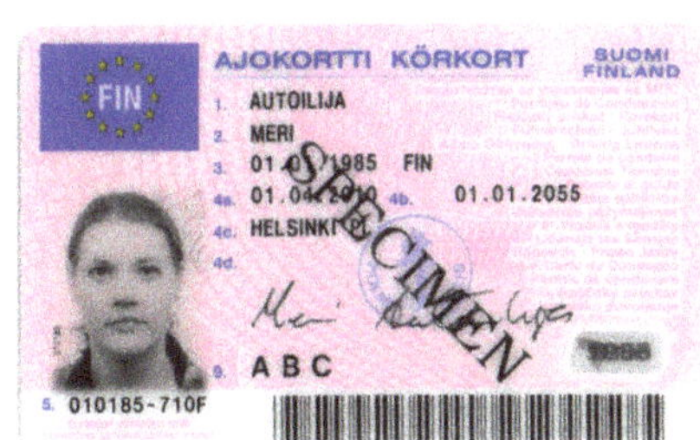

driving licence
водійське посвідчення

fingerprint
відбиток пальця

jar
скляна банка

bottle
пляшка

can opener
консервний ніж

bottle opener
відкривачка для пляшок

tin can
консервна банка

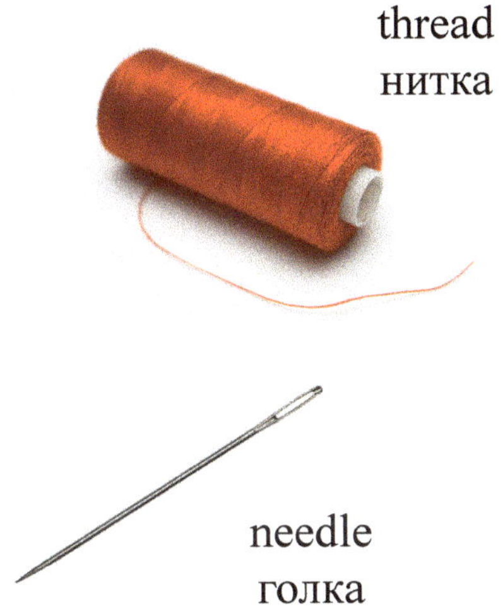

thread
нитка

needle
голка

refigerator
холодильник

sewing machine
швейна машина

clothes peg
прищіпка

microwave oven
мікрохвильова піч

calculator
калькулятор

stove
плита

compact disc
компакт-диск

wristwatch
годинник

radio
радіо

fan
вентилятор

headphones
навушники

guitar
гітара

saxophone
саксофон

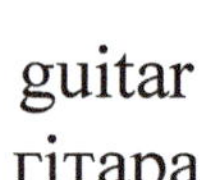

drum
барабан

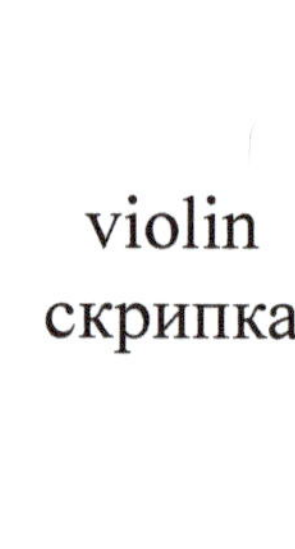

violin
скрипка

microphone
мікрофон

bass guitar
бас-гітара

mandolin
мандоліна

loudspeaker
акустична колонка

book
книга

newspaper
газета

eyeglassess
окуляри

key
ключ

map
карта

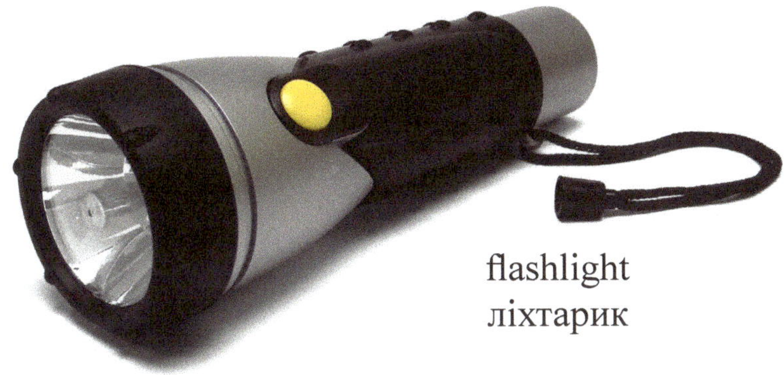

flashlight
ліхтарик

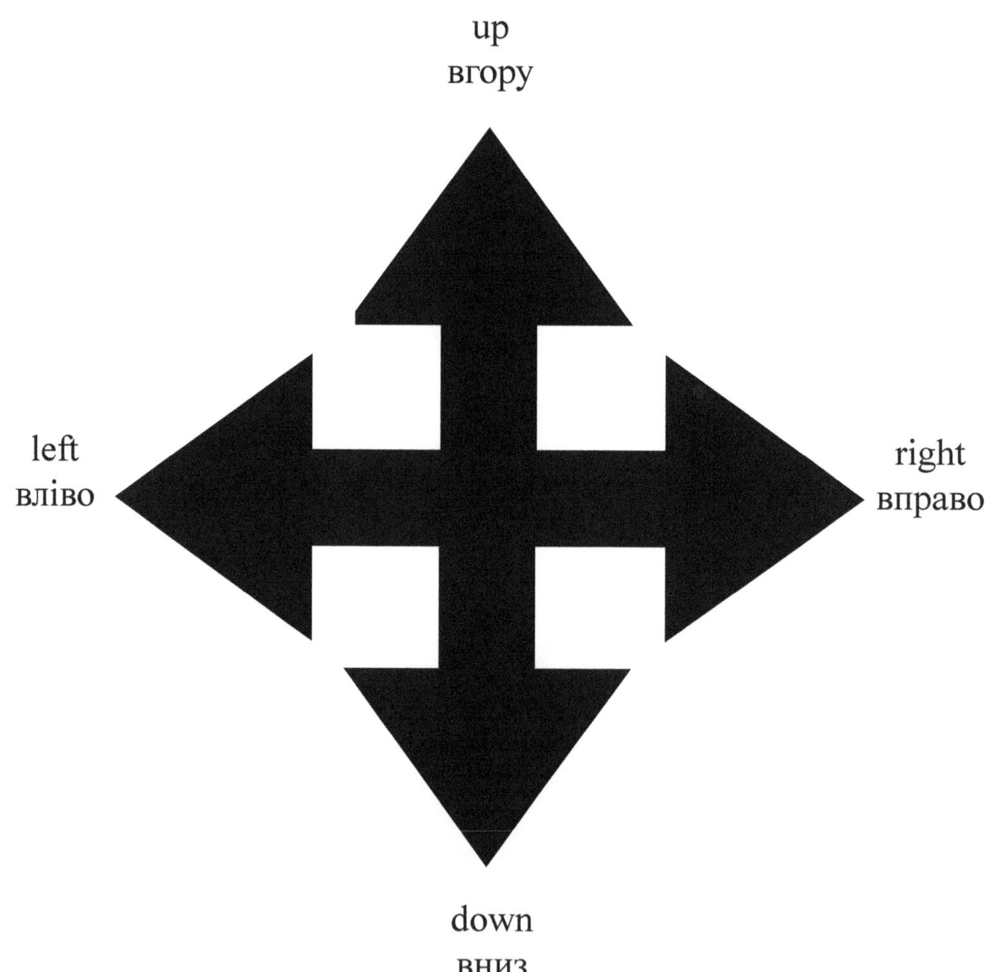

up
вгору
left
вліво
right
вправо
down
вниз

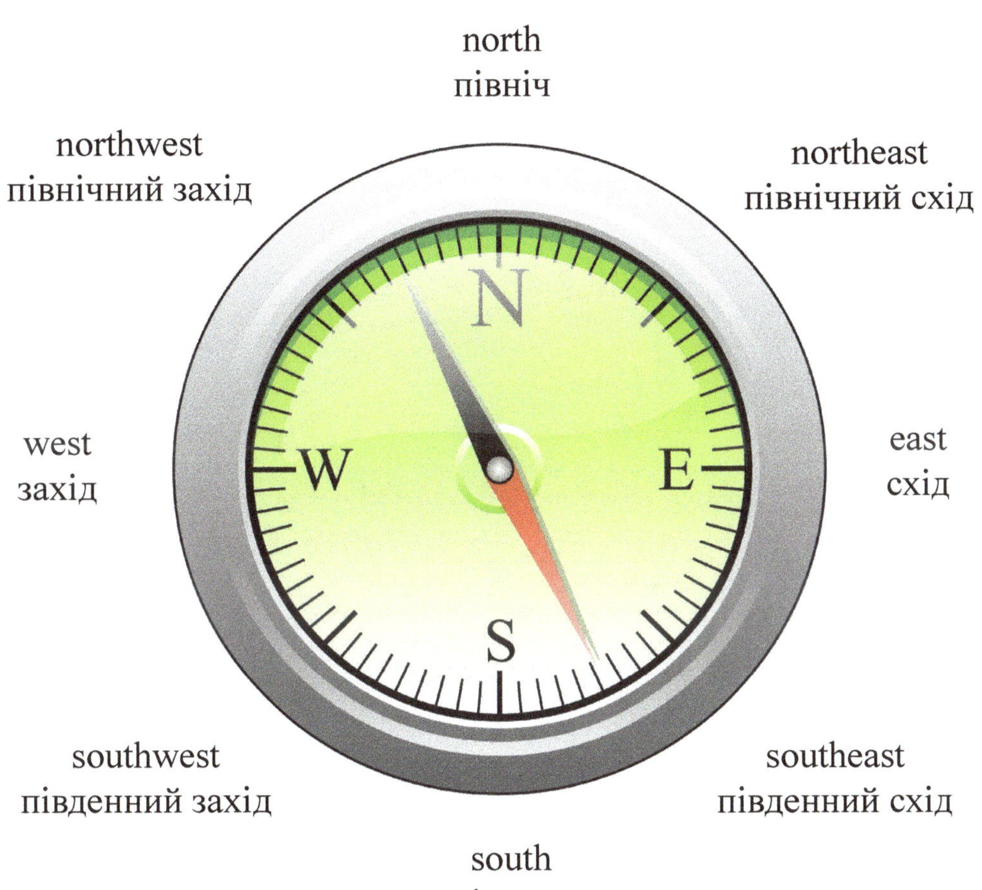

north
північ
northwest
північний захід
northeast
північний схід
west
захід
east
схід
N
W
E
S
southwest
південний захід
southeast
південний схід
south
південь

shoulder bag
наплічна сумка

briefcase
портфель

plastic bag
пластиковий пакет

backpack
рюкзак

pen
ручка
pencil
олівець
MADE IN CHINA
notebook
блокнот
ruler
лінійка
eraser
ластик

car
автомобіль

bus
автобус

van
легковий фургон

tram
трамвай

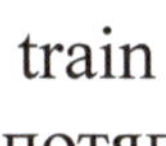 

train

потяг

motorcycle

мотоцикл

bicycle

велосипед

airplane

літак

roller skates
роликові ковзани

tractor
трактор

scooter
скутер

ship
корабель

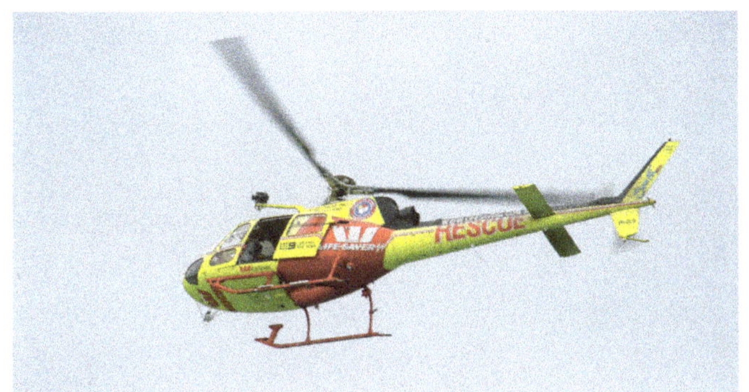

helicopter
гвинтокрил

truck
вантажівка

snowmobile
снігохід

traffic lights
світлофор

traffic sign
дорожній знак

zebra crossing
пішохідний перехід

gas station
автозаправка

bus stop
автобусна зупинка

vacuum cleaner
пилосос

dishwasher
посудомийна машина

smoothing iron
праска

dishbrush
щітка для миття посуду

ironing board
прасувальна дошка

washing machine
пральна машина

cleaning sponge
губка для миття посуду

cleaning cloth
ганчірка

mop
швабра

dusting pan
совок для сміття

broom
мітла

spray bottle
пульверизатор

bucket
відро

cot
дитяче ліжечко

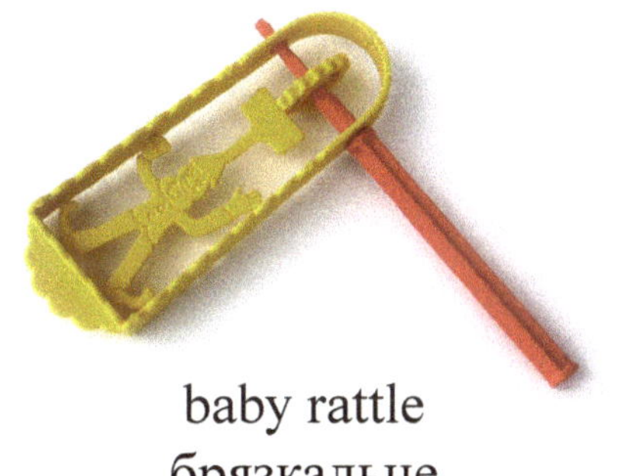

baby rattle
брязкальце

diaper
підгузник

pacifier
соска

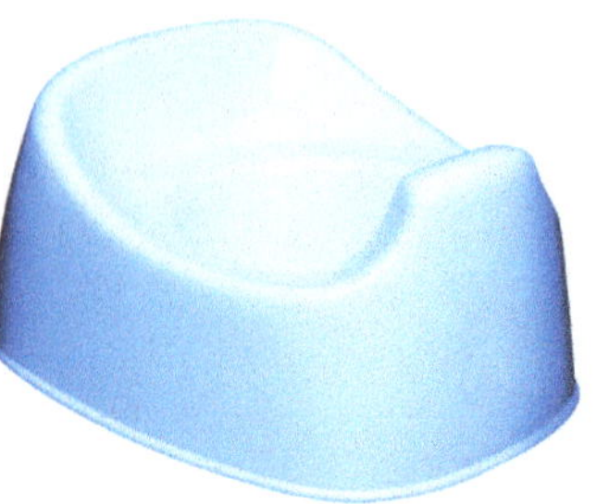

potty
дитячий горщик

pram
дитячий візок

baby bottle
пляшечка для годування

doll
лялька

football
футбол

kite
повітряний змій

dice
гральний кубик

game console
ігрова консоль

tennis ball
тенісний м'яч

basketball
баскетбольний м'яч

ice hockey
хокей із шайбою

puzzle

пазл

dartboard

мішень для гри в дартс

dart

дротик

chess

шахи

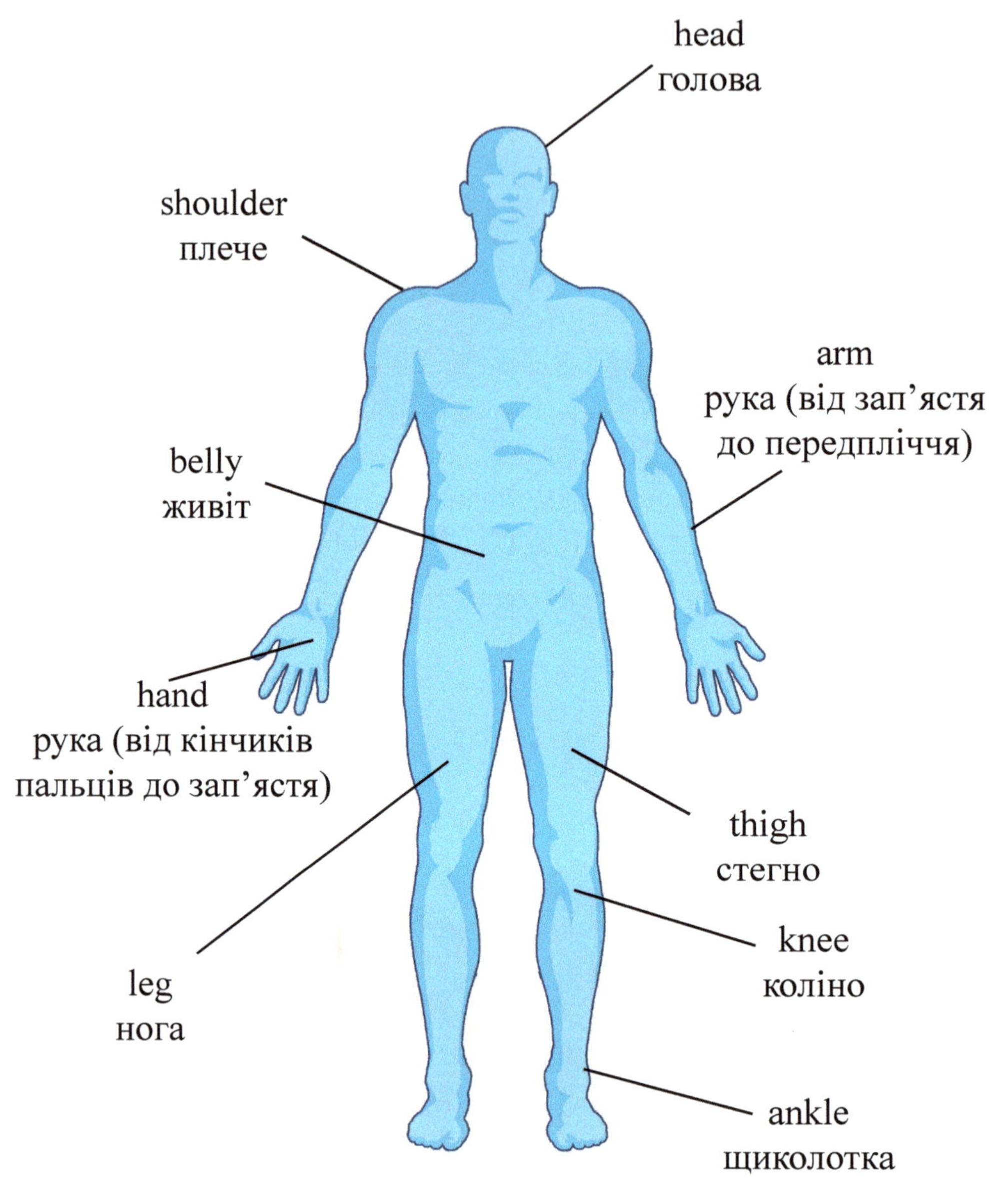

head
голова
shoulder
плече
arm
рука (від зап’ястя
до передпліччя)
belly
живіт
hand
рука (від кінчиків
пальців до зап’ястя)
thigh
стегно
knee
коліно
leg
нога
ankle
щиколотка

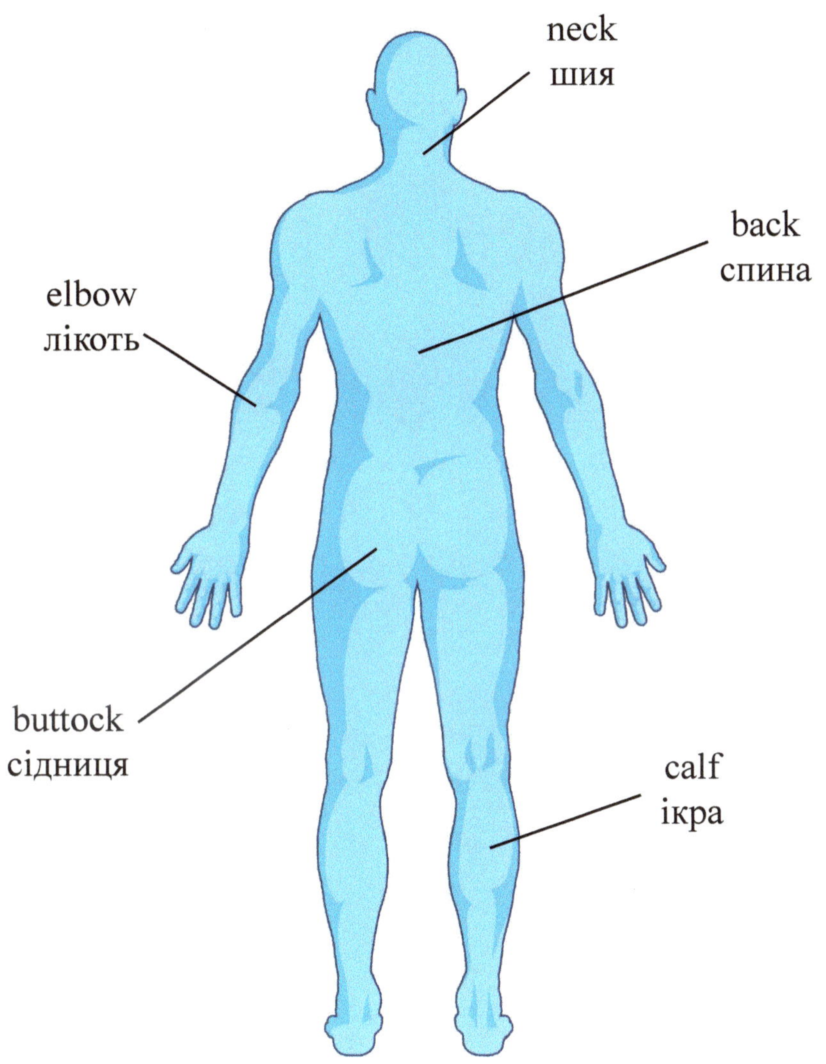

neck
шия
back
спина
elbow
лікоть
buttock
сідниця
calf
ікра

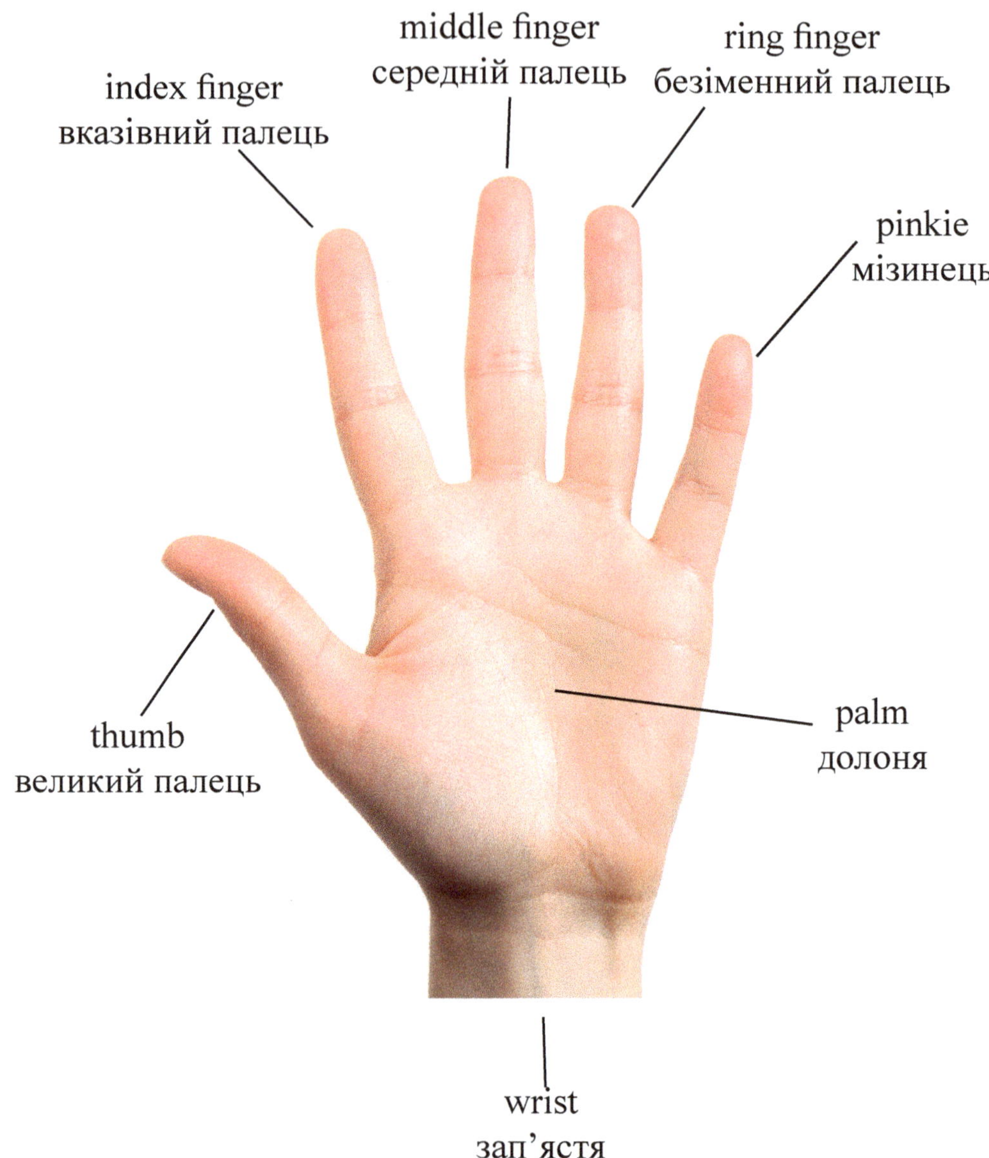
index finger
вказівний палець
middle finger
середній палець
ring finger
безіменний палець
pinkie
мізинець
thumb
великий палець
palm
долоня
wrist
зап'ястя

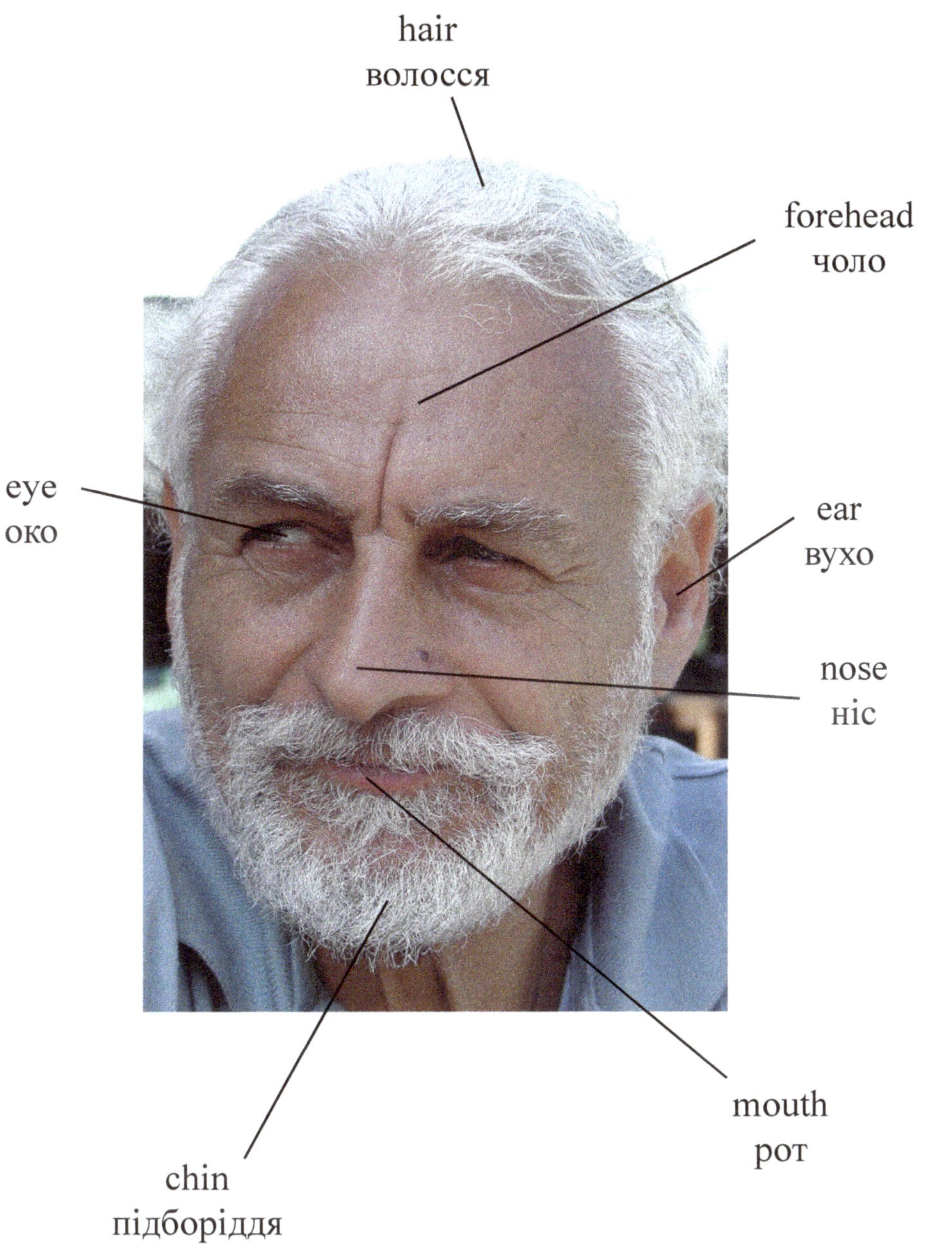
hair
волосся
forehead
чоло
eye
око
ear
вухо
nose
ніс
mouth
рот
chin
підборіддя

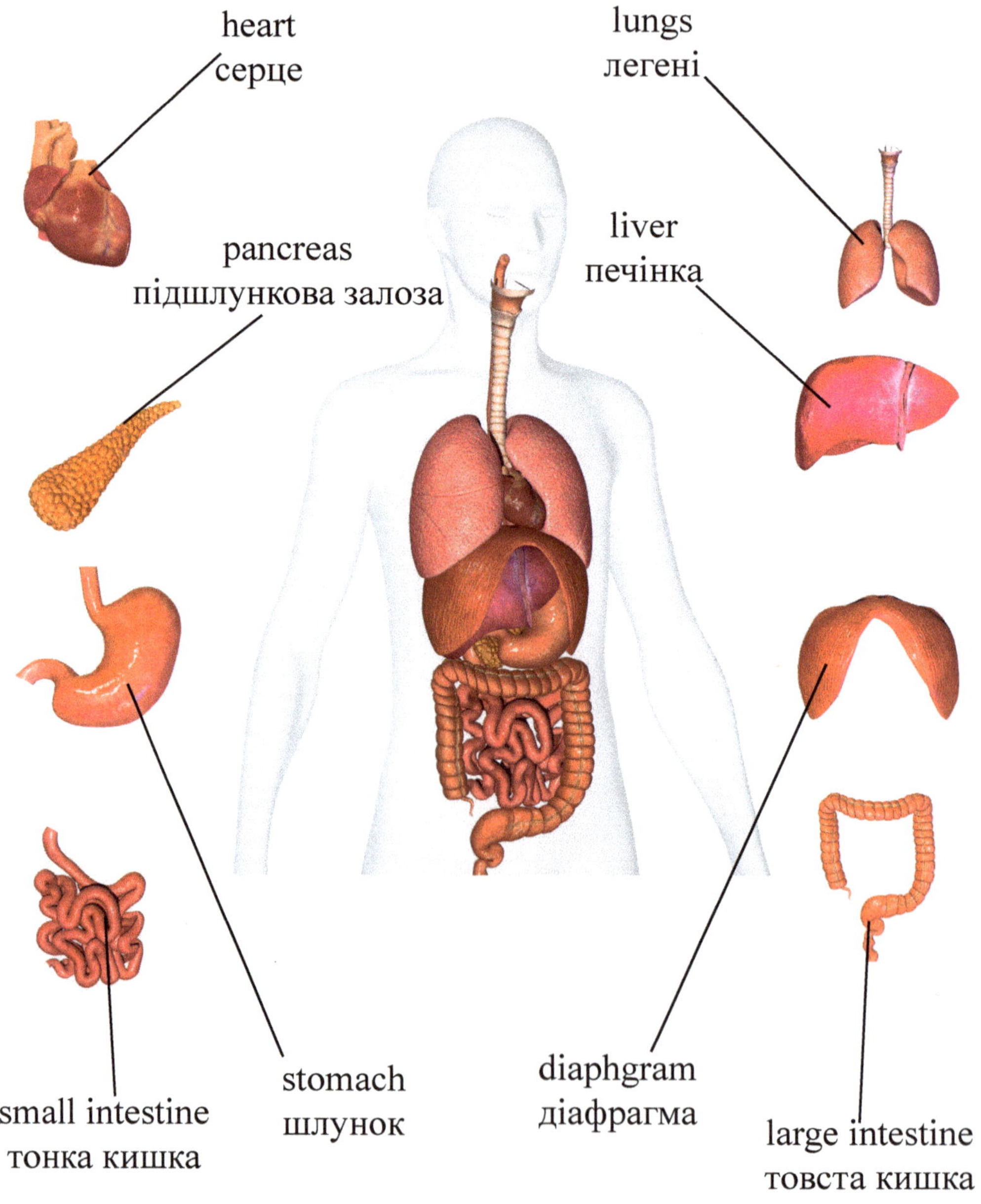

heart
серце

lungs
легені

pancreas
підшлункова залоза

liver
печінка

small intestine
тонка кишка

stomach
шлунок

diaphgram
діафрагма

large intestine
товста кишка

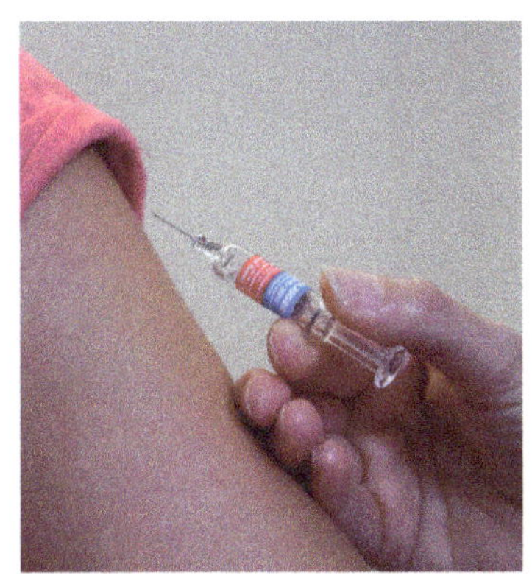

vaccination
щеплення

hospital
лікарня

band aid
пластир

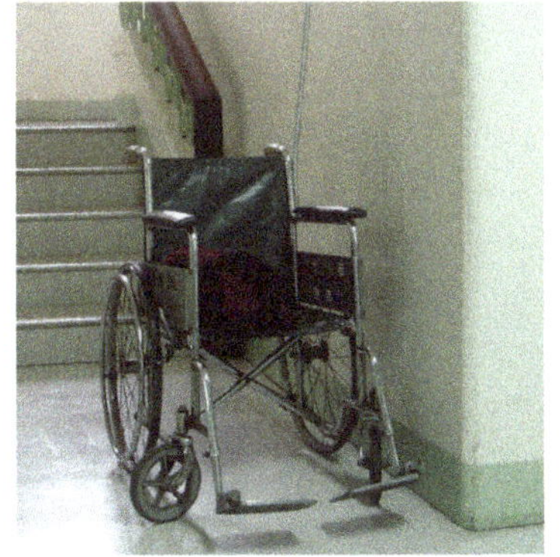

wheelchair
інвалідний візок

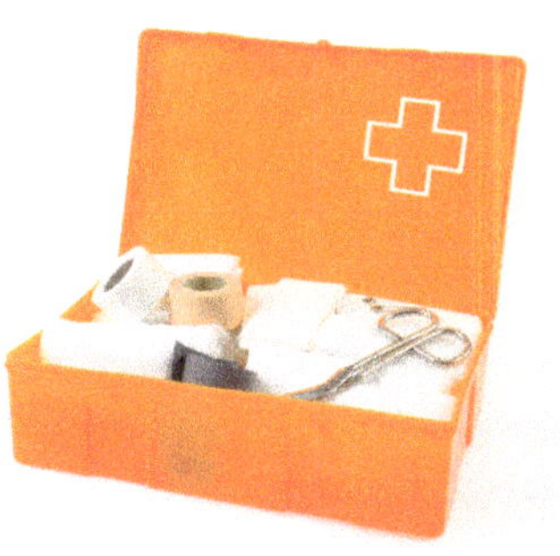

first aid kit
медична аптечка

pharmacy
аптека

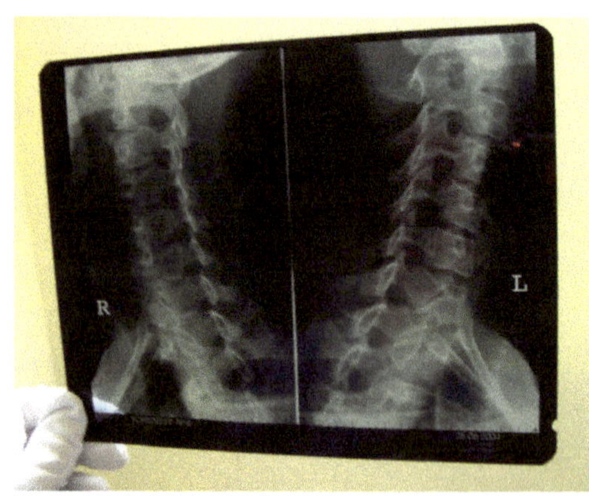

x-ray image
рентген

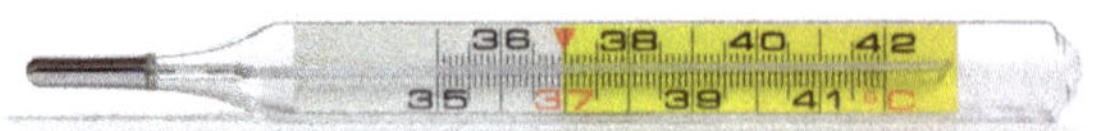

thermometer
термометр

ambulance
автомобіль
швидкої допомоги

syringe
шприц

doctor
лікар

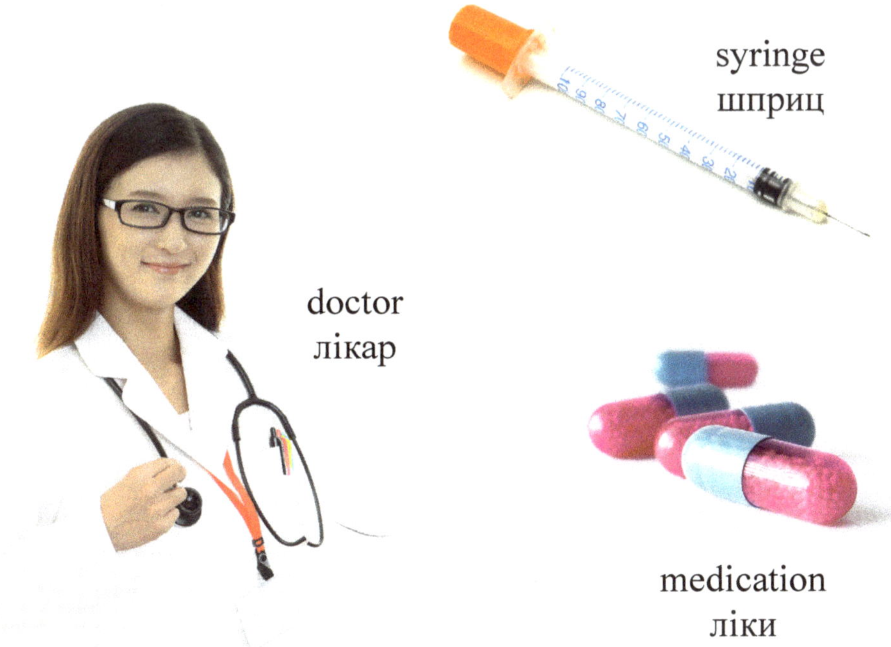

medication
ліки

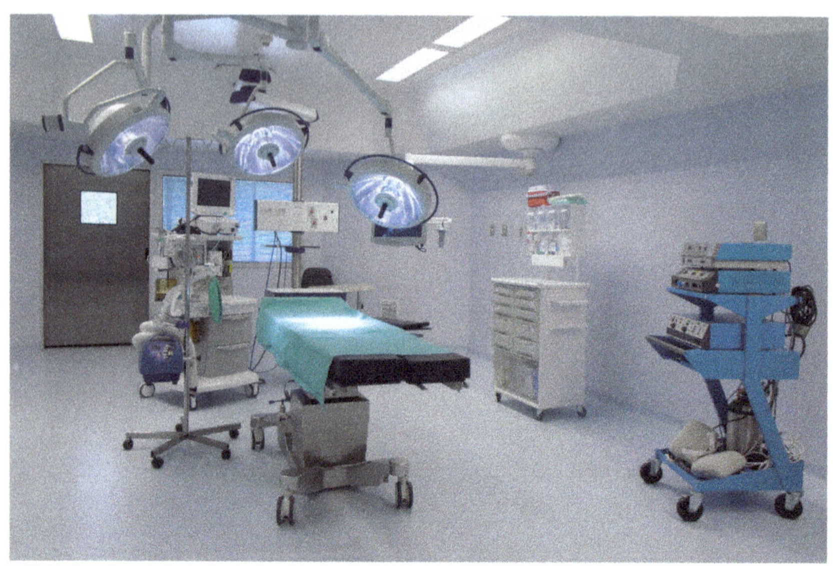

operating room
операційна

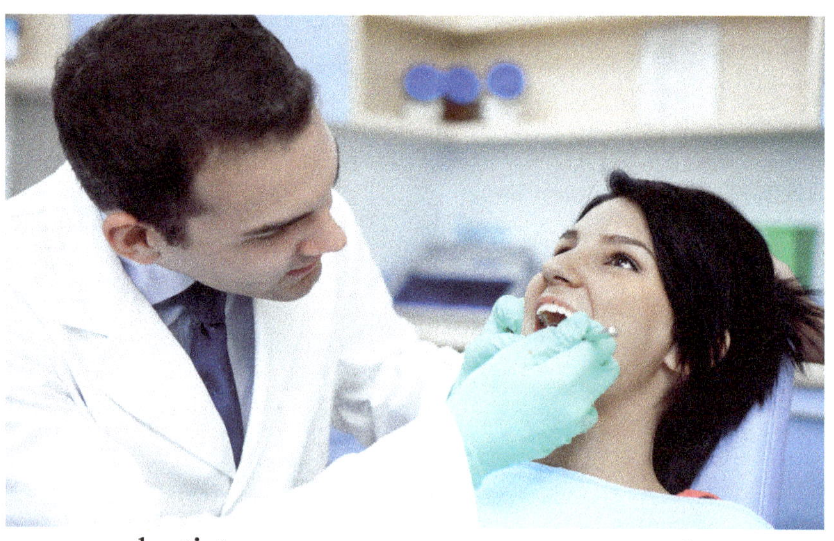

dentist
дантист

patient
пацієнт

to eat
їсти

to drink
пити

to sit
сидіти

to walk
іти пішки

to talk
розмовляти

to laugh
сміятися

to carry
нести

to stand
стояти

to smile
посміхатися

to clean

чистити

to cook

готувати

to sneeze
чхати

to cry
плакати

to hug
обіймати

to sleep
спати

to run
бігати

to jump
стрибати

to swim
плавати

to read
читати

to teach
вчити

to play
грати

to write
писати

firefighter
пожежний

florist
флорист

musician
музикант

cleaner
прибиральник

photographer
фотограф

farmer
фермер

artist
художник

chef
шеф-кухар

waitress
офіціантка

teacher
вчитель

hairdresser
перукар

reporter

репортер

bus driver

водій автобуса

librarian

бібліотекар

square
квадрат

triangle
трикутник

rectangle
прямокутник

circle
коло

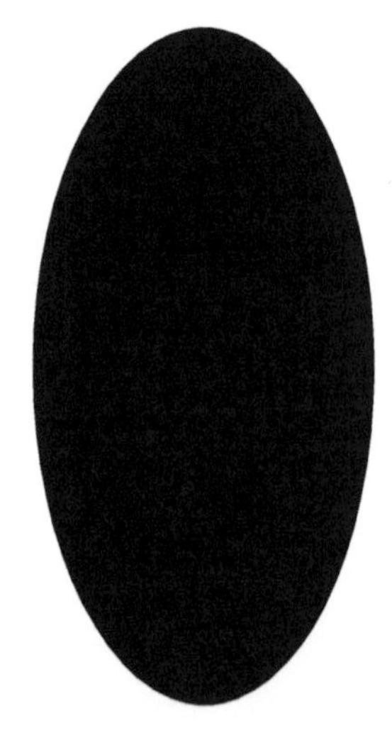

ellipse
еліпс

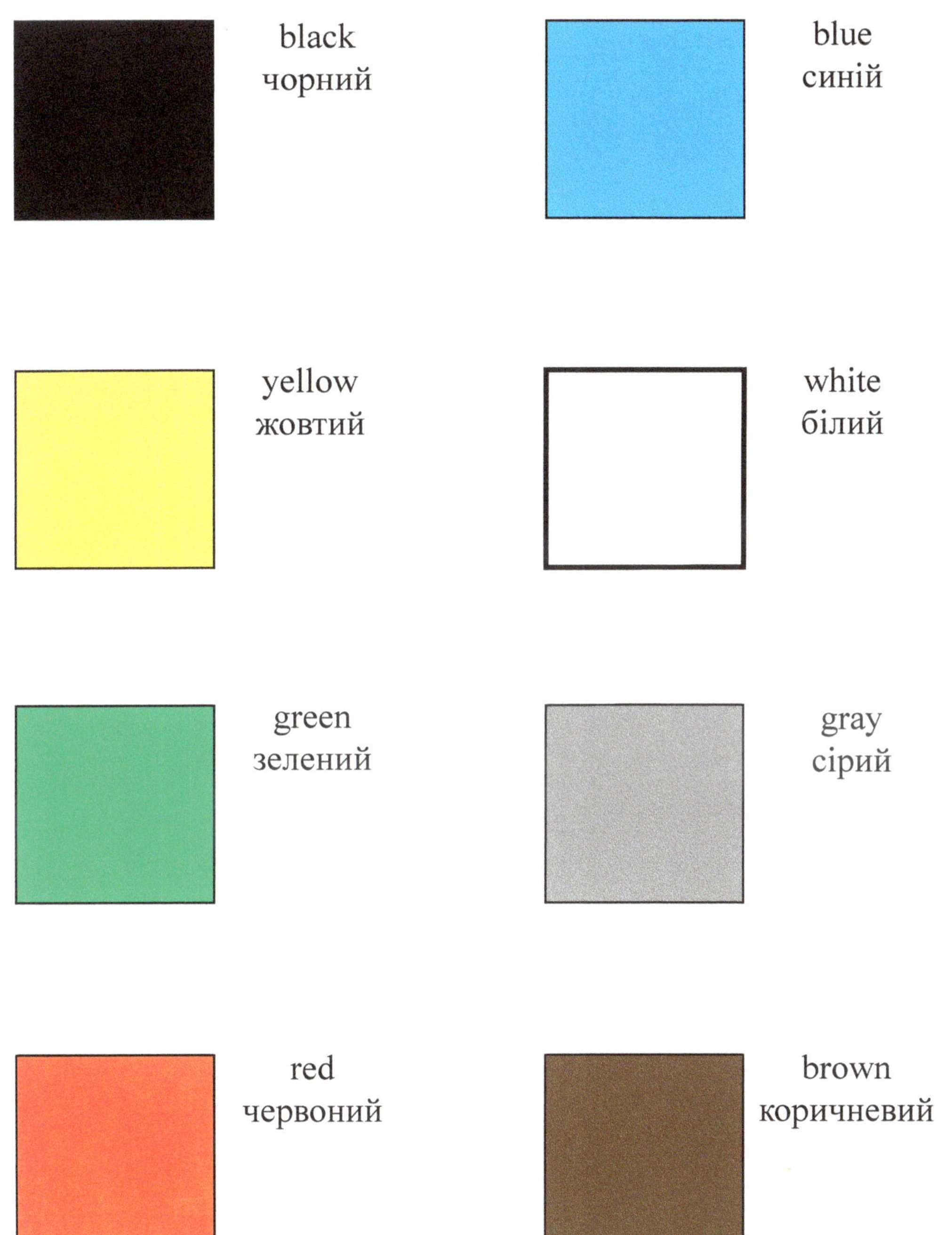

black
чорний

blue
синій

yellow
жовтий

white
білий

green
зелений

gray
сірий

red
червоний

brown
коричневий

happy
щасливий

angry
сердитий

uncertain
невпевнений

surprised
здивований

confused
розгублений

supportive
підтримуючий

thoughtful
вдумливий

doubtful
маючий сумніви

big
великий

small
малий

fast
швидкий

slow
повільний

good
добрий

bad
поганий

light
світлий

heavy
важкий

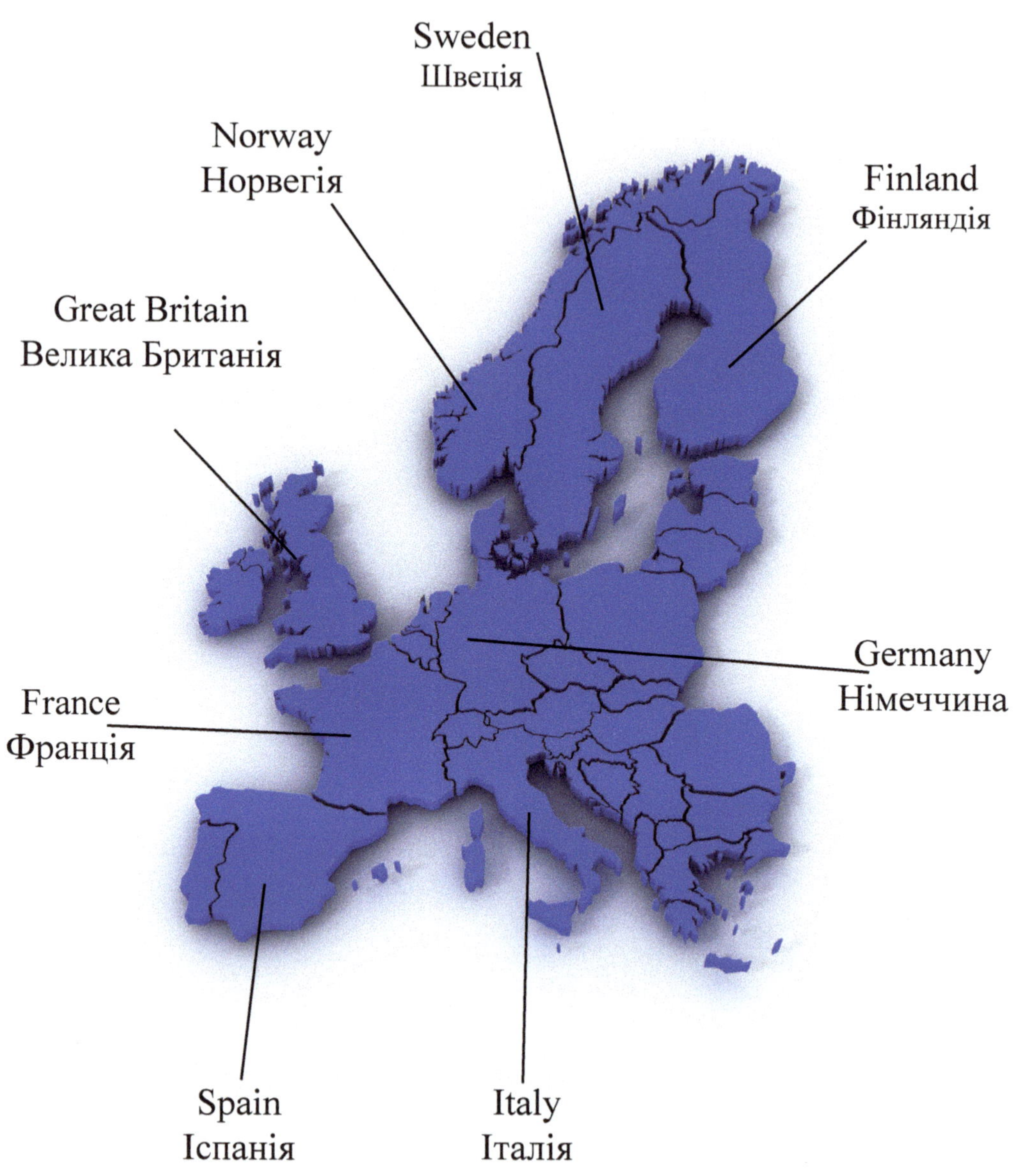

Sweden
Швеція
Norway
Норвегія
Finland
Фінляндія
Great Britain
Велика Британія
Germany
Німеччина
France
Франція
Spain
Іспанія
Italy
Італія

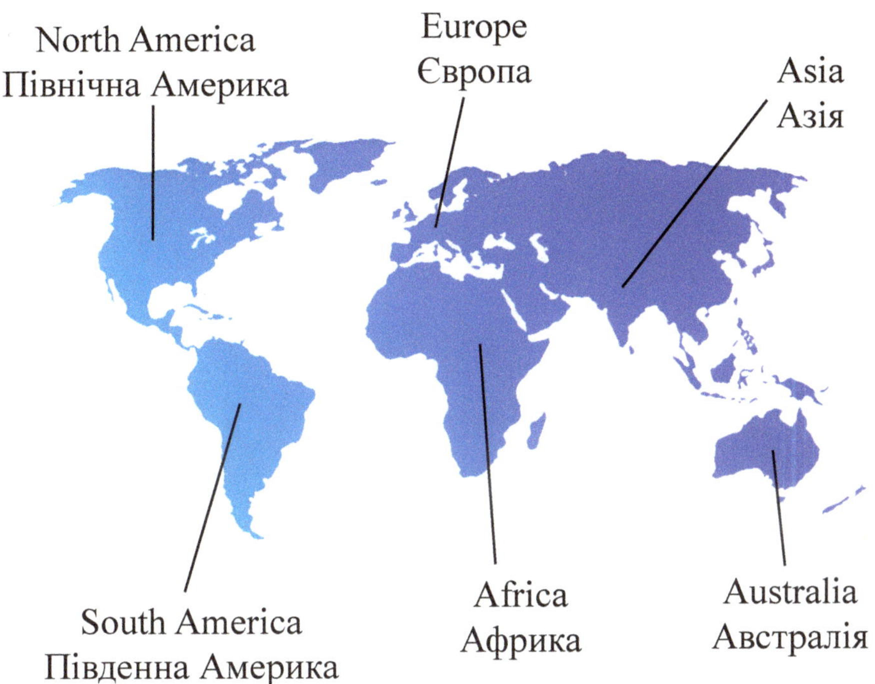
North America
Північна Америка
Europe
Європа
Asia
Азія
South America
Південна Америка
Africa
Африка
Australia
Австралія

spring
весна

summer
літо

autumn
осінь

winter
зима